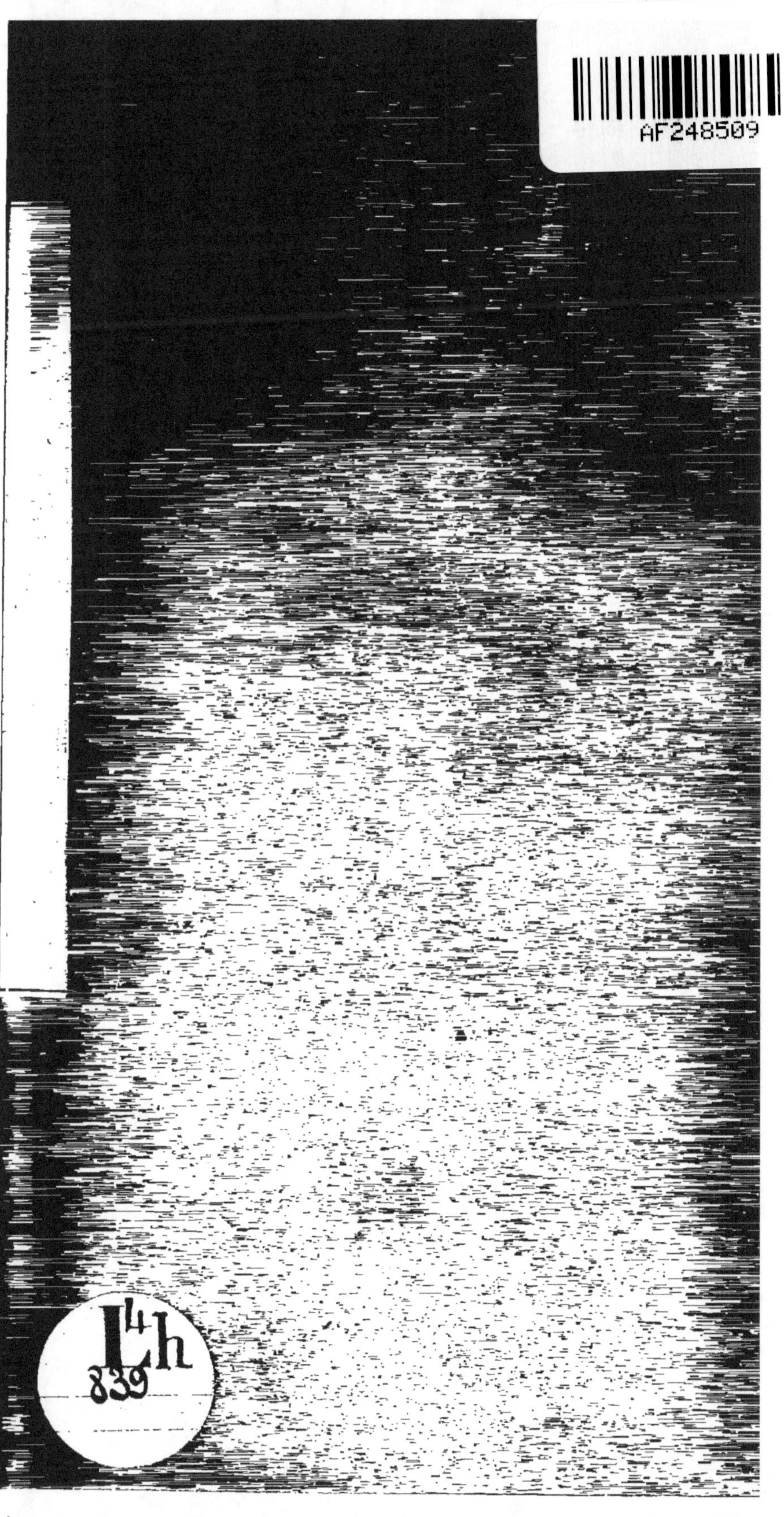

BAZAINE

ET LA

CAPITULATION DE METZ

BAZAINE

ET LA

CAPITULATION DE METZ

———

ÉTUDE PUBLIÉE A BERLIN

EN MARS 1871

(Traduite de l'allemand)

DIJON

IMPRIMERIE DE J.-E. RABUTOT

Place Saint-Jean, 1 et 3

1871

Nous voulons, dans l'exposition qui va suivre des événements qui se sont passés autour de Metz, chercher à baser notre manière de voir, et particulièrement à élucider les points sur lesquels nous nous écartons essentiellement de l'auteur de la brochure.

Berlin, février 1871.

BAZAINE

ET LA

CAPITULATION DE METZ

Comme introduction, nous donnons en résumé les combats du 14 au 18 août, qui amenèrent le blocus de l'armée française du Rhin, et qui sont importants pour porter un jugement sur la situation aussi bien que sur le maréchal Bazaine lui-même.

D'après le propre rapport du maréchal, il fut placé à la tête de l'armée du Rhin par décret du 12 août. Le lendemain, il prit le commandement. En même temps il recevait 1 ordre de ramener sur Verdun l'armée qui, depuis le 11 de ce mois, était réunie devant Metz, sur la rive droite de la Moselle.

Cette opération, peu difficile en elle-même, n'était, dans les circonstances du moment, nullement compliquée.

La première armée allemande, sous le général de Steinmetz, avait, il est vrai, ses avant-postes à un mille à peine à l'est de la forteresse, mais elle ne pouvait pas menacer sérieusement la retraite de l'armée française. Une attaque de ce côté devait toujours s'arrêter devant les retranchements avancés des forts Queleu et

Saint - Julien, à la prise desquels les Allemands ne pouvaient jamais songer, quand même les travaux d'armement n'en eussent pas été complétement terminés.

Pour ne pas engager, sans le prévoir, l'armée en retraite dans un combat de ce côté, il était nécessaire de la retirer derrière les forts, et d'en confier la sûreté à la propre garnison de la place (20,000 hommes). L'omission de ces mesures amena le combat du 14, qui retarda la retraite.

Pour marcher sur Verdun, éloigné de huit à neuf milles, trois routes s'ouvraient à la disposition de l'armée française : deux d'entre elles, au sud, y conduisent presque directement par Mars-la-Tour et Conflans, tandis que celle du nord, par Briey, fait un détour, mais était en grande partie protégée contre toute attaque par la marche de l'ennemi au sud de la forteresse. Elle avait été réservée pour cela par le maréchal, pour le gros du train et les bagages.

Pour la marche de l'armée, forte de cinq corps, il ne restait donc que deux routes, ce qui était trop peu pour sa prompte évacuation. La difficulté était encore augmentée, parce qu'il n'y avait qu'une seule route jusqu'à Gravelotte, à deux milles à l'ouest de Metz, et que le terrain voisin rendait impossible une marche en avant des troupes. Pour pouvoir se servir de la voie du milieu qui passait devant Gravelotte, les troupes qui devaient la prendre devaient suivre, pendant les deux premiers milles jusqu'à Malmaison (au nord de Gravelotte), le chemin vicinal mauvais et étroit de Plappeville à Châtel-Saint-Germain.

Nous nous étendons davantage sur la direction de ce mouvement pour donner une idée de la durée que demandait la marche en avant de si grandes masses. Nous envoyions trois corps sur la route du sud et trois sur celle du milieu ; ainsi, nous n'étions pas isolés si ces derniers, devant la difficulté de s'avancer jusqu'à Malmaison, la première étape (nous la mesurons sur les suivantes), se mettaient en réserve, en même temps que les trois premiers corps, sur la route de la plaine. Comme après cela il peut arriver que la marche en avant de l'armée soit suffisamment prompte par toutes les trois routes, nous nous servons d'une seule pour poursuivre notre marche, afin de gagner du temps sur toutes les trois. Nous choisissons la route la plus au sud, sur laquelle donc on avait engagé trois corps.

D'après le rapport du maréchal, le 14 après midi, trois corps avaient effectué le passage de la Moselle, et une partie des deux derniers avait aussi gagné la rive gauche ; il faut donc supposer que le changement de rive avait déjà commencé le 13 août. En remettant immédiatement cet ordre après la prise de commandement, il eût été possible au maréchal de pousser en avant ses têtes de colonnes au moment où l'un des trois corps désignés pour la route du sud s'avançait jusqu'aux environs de Vionville.

En continuant sa marche le jour suivant, le second échelon pouvait tout au plus arriver à Mars-la-Tour, car avec l'étendue de deux milles et demi d'un corps d'armée en marche, la queue du premier échelon eût fait facilement la route de Vionville à midi environ. Les derniers bataillons de la seconde colonne pouvaient alors arriver à Mars-la-Tour à la nuit tombante. Quant aux troupes de la troisième colonne, il leur était possible d'y arriver dans l'après-midi du 14 et d'atteindre Vionville avec le secours de la nuit. Il fallait de nouveau attendre la retraite du corps massé en avant; ainsi ce dernier échelon pouvait, au moyen d'une seconde marche de nuit, quitter les environs de Mars-la-Tour jusqu'au 16 au matin. Même avec cette promptitude extraordinaire, le maréchal ne pouvait pas y compter pour arrêter sans désavantage la marche de l'ennemi. Les avant-gardes de celui-ci avaient déjà gagné Pont-à-Mousson le 12, et il devait craindre pour le 15 une attaque sur la route du sud.

C'était, en conséquence, au commandant en chef français à prendre aussi ses dispositions pour garantir sur le flanc gauche la longue file des colonnes de son armée en marche. Avant la matinée du 16, l'ennemi pouvait atteindre sans incidents la route du sud. L'accès des défilés de la Moselle rendait très facile d'arrêter un ennemi du côté du sud. Empêcher le passage de la rivière n'était maintenant plus possible, depuis que les opérations précédentes avaient laissé tomber sans défense les forts passages de la Moselle aux mains des Allemands.

Nous avons vu, d'après ce qui précède, qu'il avait été possible d'effectuer la retraite de l'armée sur Verdun, sans que les Allemands aient pu y mettre un sérieux obstacle. Mais il fallait agir immédiatement; un jour de retard pouvait amener facilement la défaite d'une partie de l'armée, par une pointe vigoureuse des Allemands sur la route du sud. Peut-être cette appréhension a-t-elle empêché le maréchal de se mettre en marche après avoir passé une journée, le 13 août, sans la mettre à profit.

Peut-on déjà baser un reproche d'incapacité sur cette inaction du 13? Nous ne le croyons pas. Le maréchal n'était pas l'homme de la situation actuelle; mais la position n'était-elle pas extrêmement difficile? L'armée impériale, qui avait cru avec confiance marcher sur Berlin, se voyait dans son propre pays attaquée, battue et repoussée. Le coup avait été si inattendu et si redoutable, que la confiance dans le commandement supérieur avait été perdue. L'empereur, qui, peu de jours auparavant, était parti aux acclamations du peuple se mettre à la tête d'une armée orgueilleuse, devait céder à la défiance générale et remettre le commandement en chef à l'un de ses chefs de corps. La succession n'était pas gaie pour le maréchal Bazaine. Au lieu de conduire une armée à la victoire, il devait commencer de nouvelles opérations, et ces troupes qui, en grande partie, n'avaient pas encore vu l'ennemi et brûlaient de venger l'outrage qui leur avait été fait, ces troupes, dis-je, il devait leur faire entreprendre une retraite honteuse à leur point de vue. Dans ces circonstances, le nouveau commandant en chef pouvait-il compter sur la confiance de ses soldats, dont il partageait vraisemblablement les sentiments beaucoup plus qu'il n'était désirable pour un stratégiste qui devait tout diriger froidement en ce moment?

Au lieu donc de commencer immédiatement la retraite, ce qui présentait certes une garantie de succès, le maréchal temporisa et se laissa entraîner à des fautes qui lui rendirent toujours de plus en plus difficile l'accomplissement de sa mission.

Le 14 août, l'armée française était en pleine retraite sur la rive gauche de la Moselle, lorsque dans l'après-midi les deux derniers corps qui traversaient la rivière furent attaqués par l'ennemi. Au lieu de se retirer sous la protection des forts, le combat fut livré en avant de ceux-ci, et comme l'ennemi fut « entreprenant, » suivant l'expression du rapport du maréchal, les parties des quatre corps français qui avaient déjà passé la rivière revinrent en arrière pour prendre part au combat.

Le maréchal, dans cette circonstance, agit sur l'esprit de ses soldats en leur donnant, avant de commencer la retraite, la satisfaction de se mesurer avec l'ennemi et de le battre, comme il arriva aux Français. Mais même un succès partiel retardait le mouvement de retraite reconnu nécessaire, et à ce point de vue fut toujours un désavantage.

Le maréchal dit lui-même dans son rapport sur cette affaire (1) :

« Nous n'eûmes pas la satisfaction de déjouer les projets de l'ennemi, dont le but était de retarder notre concentration sur le plateau de Gravelotte et de donner le temps à ses troupes d'y arriver avant nous. »

Après le retard résultant du combat du 14, le maréchal ne pouvait plus songer à effectuer sa retraite par les trois routes sans avoir de combat avec l'ennemi.

---

(1) Ce passage du rapport est en langue française dans le texte allemand.

Ou bien il renonçait librement aux routes du sud et se basait sur celle du nord — dans ce cas, le but principal de la retraite, opérer sa jonction avec l'armée en formation à Châlons, était atteint par un détour sur Montmédy, — ou bien il prenait possession des routes par un combat dans lequel il pouvait compter sur un premier succès, à cause de sa supériorité numérique au commencement de l'action.

Pour laquelle de ces deux alternatives se décida le maréchal, on ne l'apprend dans aucun de ses rapports; il faut plutôt supposer qu'il n'en avait reconnu la nécessité, ou pas du tout, ou du moins pas assez.

Ni on ne voulait le premier parti, ni on ne prenait de dispositions pour le second.

Le 16 août trouva les Français nullement préparés au combat. Il eût été cependant facile à leurs forces supérieures d'écraser sous leurs masses le 3ᵉ corps d'armée prussien, qui résista seul depuis neuf heures du matin jusqu'à midi et demi.

Un succès décisif ce jour-là eût vraisemblablement remis le maréchal en libre possession des routes et l'eût mis dans ce cas, vis-à-vis de l'ennemi battu en partie, dans une situation bien plus avantageuse que ne fut critique sa position après le succès des Allemands le 16. Qu'on fût peu préparé, du côté des Français, à ce combat facile à prévoir, c'est prouvé par cette circonstance que les deux corps qui avaient combattu le 14 n'avaient *pas encore* le 16, au commencement de la bataille, passé la Moselle. Le nombre insuffisant des ponts, que le maréchal donne comme explication dans son rapport, eût été certes une grave négligence du commandant en chef de l'opération; mais ce n'est pas une explication suffisante du retard, alors que ces deux corps disposaient de plus de temps pour le passage que les trois corps qui avaient passé avant eux.

La brochure *Les Combats autour de Metz* (1) dit sur le combat du 16 août ce qui suit : « Si devant une telle disproportion de forces les Allemands réussirent non seulement à gagner du terrain, mais encore à acquérir la possession définitive des routes du sud, cela a pour unique raison la direction vicieuse de l'armée française. En effet, le maréchal Bazaine paraît s'être laissé emporter par son courage personnel, par le plaisir de se battre lui-même, pour prendre au combat plus de part qu'il ne convient au général d'une si grande armée. Il a été embarrassé avec toute sa suite pendant deux heures dans un combat de cavalerie, et il a eu à sauver sa liberté et sa vie dans un moment où la direction supérieure était nécessaire et où il ne l'était pas du tout de se mêler à la lutte. »

Après le combat du 16, il ne resta plus à l'armée française, comme ligne de retraite, que la route du nord. La profonde échancrure du ruisseau de l'Orne présentait une position propre à la couvrir par une forte arrière-garde. Au lieu de hâter sa marche le plus possible, le maréchal resta non loin du champ de bataille, et sans doute, comme il le déclare d'après la brochure déjà mentionnée, parce qu'il avait engagé le 16 toute son infanterie et qu'il devait l'approvi-

(1) *Der Krieg um Metz.*

sionner avec les munitions de la place. L'auteur (1) croit qu'il restait encore, malgré cela, le temps et la facilité de se placer derrière l'Orne, et croit avoir trouvé le vrai motif qui a fait accepter la bataille du 18 : ce serait que le maréchal, confiant dans la grande portée des nouvelles armes à feu, aurait compté sur une victoire dans ses très fortes positions. Où l'auteur a-t-il appris ce dessein particulier du maréchal? Il ne l'a pas dit. Nous le rapprochons de sa dépêche à l'empereur du 17 août.

(2) RAPPORT (P. 6-7)

« Quant à nous, les corps sont peu riches en vivres; je vais tâcher d'en faire venir par la route des Ardennes, qui est encore libre. M. le général Soleille, que j'ai envoyé dans la place, me rend compte qu'elle est peu approvisionnée en munitions et qu'elle ne peut nous donner que 800,000 cartouches, ce qui, pour nos soldats, est l'affaire d'une journée. Il n'y a également qu'un petit nombre de coups pour pièces de quatre; enfin, il ajoute que l'établissement pyrotechnique n'a pas les moyens nécessaires pour confectionner les cartouches. »

Comme la place ne possédait pas de munitions suffisantes et n'avait pas les moyens d'en fabriquer, c'était une raison de plus de prendre la route des Ardennes derrière l'Orne (par Briey), qui était encore libre, et

---

(1) De la brochure *Der Krieg um Metz*.
(2) Passage du rapport en langue française dans le texte allemand.

par laquelle les convois de vivres pouvaient arriver. Derrière l'Orne on eût pu prendre dans la place les munitions et les vivres qui s'y trouvaient, et on eût certainement eu des approvisionnements suffisants pour les combats d'arrière-garde, tandis que dans *une bataille, qui était inévitable* dans une position sous Metz, en manquer était à craindre.

Malgré cela, le maréchal reste immobile et ne veut commencer son mouvement que dans deux jours, bien qu'il prévît l'impossibilité de l'exécuter.

La dépêche dit sur ce point (1) :

« Nous allons faire tous nos efforts pour reconstituer nos approvisionnements de toute sorte, afin de reprendre notre marche dans deux jours *si cela est possible*. Je prendrai la route de Briey. Nous ne perdons pas de temps, *à moins que de nouveaux combats ne déjouent mes combinaisons.* »

Cette détermination est incompréhensible : ce qui eût dû la motiver au commencement de la dépêche tourne justement contre elle.

Le 17 août, le maréchal fit prendre à l'armée une position fort en arrière, qui appuyait son aile gauche au fort Queleu et s'étendait le long d'une hauteur jusqu'à la route du nord de Metz à Briey. Le village de Saint-Privat-la-Montagne était le point d'appui de l'aile droite. La dernière route sur laquelle, au bout de deux jours, l'armée devait se rabattre, était, par ces dispositions, aussi abandonnée à l'ennemi. L'ordre donné

---

(1) Dépêche citée en langue française dans le texte allemand.

aux troupes de se retrancher dans cette position et d'y tenir le plus longtemps possible fit déjà pressentir une nouvelle résolution du maréchal qui était en contradiction avec la dépêche envoyée en ce moment à l'empereur. Mais l'intention du maréchal de sortir plus tard de cette position pour prendre l'offensive montrait clairement que le général français avait abandonné l'idée de retraite et voulait en venir aux mains.

(1) RAPPORT (P. 8)

« Les corps reçurent l'ordre de se fortifier dans leurs nouvelles positions et de s'y tenir le plus longtemps possible. Mon intention était de reprendre l'offensive, le ravitaillement terminé. »

Nous voyons dans cette dépêche qu'elle fut écrite à trois heures environ de l'après-midi du 17. A ce moment le maréchal avertit que si cela est encore possible il veut commencer son mouvement de retraite dans deux jours par la route de Metz à Briey. Immédiatement, et sans qu'un mouvement de l'ennemi eût été nécessaire, la route par laquelle on devait effectuer la retraite est abandonnée, on prend une forte position dans laquelle les troupes se retranchent et d'où le maréchal veut reprendre l'offensive. Ces mesures complétement contradictoires ne sont motivées en aucune façon dans le rapport du maréchal. Et cet ordre suit tout naïvement la dépêche comme s'il en était l'exécution.

Quand nous réfléchissons maintenant que le lende-

---

(1) Passage du rapport en langue française dans le texte allemand.

main nos troupes trouvèrent les positions de l'armée française parfaitement fortifiées, — non seulement les villages avaient été mis en état de défense, mais encore on avait fait des abris protecteurs amoncelés les uns sur les autres, comme étagés, et des emplacements pour l'artillerie, dont la construction avait exigé une durée de plus de vingt-quatre heures, — nous arrivons alors à cette idée de l'auteur cité plus haut : que le maréchal Bazaine était décidé à engager le combat dans ces positions vraisemblablement préparées depuis quelques jours. Le rapport à l'empereur, qui depuis deux jours déjà avait quitté l'armée, pouvait bien être calculé pour le tromper sur ses vraies intentions. Mais publier maintenant ce rapport avec ces ordres contradictoires, sans plus ample commentaire, nous ferait égarer le public militaire sur la connexité intime des événements, lorsque nous rencontrerions une tentative maladroite.

La position prise par l'armée française était d'une force défensive énorme : elle favorisait l'usage de la longue portée des chassepots et des mitrailleuses nouvellement découvertes, dont l'effet désolant se concentrait sur quelques points avec une nombreuse artillerie placée en batterie et devant laquelle le terrain permettait aux Allemands de déployer leurs grandes masses. Une attaque contre ces positions était donc extraordinairement difficile et devait amener des pertes énormes. Par contre, le terrain devenait aussi un obstacle aux défenseurs pour, après avoir repoussé l'attaque, sortir de ces positions et tirer parti de la victoire. Un autre vice était le peu de voies qui se trou-

vaient derrière les positions, ce qui rendait difficile à
la défense d'envoyer promptement des secours sur les
points menacés. Les Français quittant ces positions
pour se retirer sur la place, il y avait là une faute en
soi, mais non au point de vue du maréchal Bazaine,
qui envisageait sa situation comme craignant d'être
coupé de la place.

4. RAPPORT (P. 9)

« ..... Je dus me tenir avec les réserves d'artillerie et
la garde sur le plateau de Plappeville, pour repousser
les tentatives faites par l'ennemi, soit par Vaux et
Sainte-Ruffine, soit par Voippy, sur les derrières de
nos positions, *son but étant de nous couper Metz.* »

On s'étonne et à raison, à la première lecture de
ces lignes, qu'il ait été possible au maréchal de se mé-
prendre si complétement sur les mouvements des
armées allemandes. Il redoutait d'être coupé de Metz,
et toutes les dispositions des Allemands tendaient à le
rejeter dans Metz pour couper les deux armées françaises. Qui pouvait donner au maréchal cette crainte
générale d'être séparé de Metz? En amont de la
Moselle, il connaissait le passage de l'armée allemande
depuis le 15; pour son aile gauche, qui s'appuyait sur
le fort Quéleu, très fort et commandant la vallée, il
n'avait en réalité rien à redouter, et sur son aile
droite, en aval de la Moselle, il n'avait pas encore

1. Ce passage du rapport est en langue française dans le texte allemand.

remarqué le plus petit indice du passage de la rivière par les troupes ennemies. Sans doute on ne peut nier que Voippy n'ait été un point délicat sur la ligne de retraite de l'aile droite française, qui était bien en avant de ce village, et que les démonstrations des Allemands sur ce point n'eussent produit un effet certain. Ces considérations auraient dù donner au maréchal l'idée d'échelonner une partie de ses réserves sur cette route. Elles avaient été placées près de Saint-Privat, point extrême de l'aile droite, qui avait une importance particulière, parce qu'il commandait la seule ligne de communication actuelle avec le reste de la France, spécialement avec l'armée de Mac-Mahon, et que, d'un autre côté, le terrain donnait la possibilité d'une vigoureuse offensive.

Au lieu de cela, le maréchal, avec ses réserves, la garde et les réserves d'artillerie, se tint sur le plateau de Plappeville, au sud du bois de Saulny, à plus d'un mille de Saint-Privat. Une fondrière et un terrain boisé empêchaient une marche rapide. Pour appuyer de ce côté l'aile droite, plus de deux heures étaient, d'après les rapports, nécessaires avant d'entrer efficacement en ligne. Aussi, lorsque sur le soir la garde prussienne et les Saxons portèrent le coup décisif contre Saint-Privat et que ce village fut pris, les réserves françaises envoyées au secours arrivèrent trop tard. La position devint intenable et fut abandonnée.

La phrase du rapport relative à cette affaire dit (1) :

____

(1) Ce passage du rapport est en langue française dans le texte.

« Le 18 août, toute l'armée allemande, sous le commandement de S. M. le roi de Prusse, attaqua nos lignes avec une nombreuse artillerie et des masses considérables d'infanterie. Le succès restat toute la journée indécis ; mais le soir, un suprême effort exécuté par l'ennemi sur Saint-Privat-la-Montagne rendit cette position intenable pour notre aile droite, qui, malgré la bravoure et le dévoûment du maréchal Canrobert et de ses troupes, dut l'évacuer et le fit en très bon ordre.

« La division de grenadiers de la garde, envoyée comme réserve, n'avait pu être engagée que tardivement. »

Les armes allemandes venaient de remporter là un succès éclatant. S'il n'avait pas été donné d'anéantir l'ennemi, on l'avait cependant rejeté hors de sa forte position dans la place et séparé de l'armée du maréchal Mac-Mahon, contre laquelle on pouvait alors opérer. Les trophées, 7 pièces de canon et 6,000 prisonniers, étaient peu de chose ; les pertes furent presque égales des deux côtés ; mais la victoire morale était immense, et nous pouvons nous déclarer en désaccord avec l'auteur de *La Guerre sous Metz* (1), quand il dit en parlant de l'armée française, à la page 16, qu'elle résista « avec valeur et sans être entamée, » sous la protection des forts de la place. On pouvait aussi assurer au soldat français que les 14, 16 et 18 il avait vaincu l'ennemi ; la réalité contredisait trop cette as-

(1) *Der Krieg um Metz.*

2

sertion pour qu'elle ait dû s'accréditer. Le résultat
obtenu décevait trop les espérances avec lesquelles chacun avait commencé la guerre. L'ennemi, qui devait
être vaincu, montait la garde devant la place et inter-
ceptait toute communication avec le dehors. De là,
dans les premiers jours, l'état très peu calme à l'intérieur de la ville ; tout cela était propre à ébranler sérieusement le moral de l'armée.

Avant d'aller plus loin, nous pouvons une fois pour
toutes nous séparer sur ce point de l'auteur de la brochure (1). Après avoir annoncé que dans le combat
du 18 août, le courage de l'armée française n'a pas été
« *gebrochen* » *brisé*, il dit de cette même armée, à l'oc-
casion de la sortie de Noisseville les 31 août et 1ᵉʳ septembre, à peine à quatorze jours de là, et après un
repos complet pour les troupes, qu'elle n'était plus
« dans une disposition morale suffisante » pour triom-
pher d'une armée d'investissement.

Dans ce passage, l'auteur ajoute : « Après le 1ᵉʳ septembre, nous, Allemands, nous acquîmes la prévision
certaine de la fin victorieuse de la guerre sous Metz,
non à cause de l'incapacité du maréchal, mais à cause
de la valeur sensiblement abattue de son armée. »

Si à la fin de la brochure, et pour sauver l'honneur
de l'armée qui capitulait, il est dit : « L'attestent quatre
grands combats, beaucoup d'engagements opiniâtres,
et sa persévérance et sa conduite exemplaire aux
jours de la plus dure nécessité, » l'auteur se trouve
en contradiction avec lui-même, et il nous pardonnera

(1) *Der Krieg um Metz.*

de rectifier ce jugement qu'il a porté : que le « moral »
de l'armée française, après les combats du 14 au
18 août, était sérieusement ébranlé.

Avant de passer à la seconde partie du drame, à la
longue période de l'investissement, jetons encore un
coup d'œil sur les derniers combats et formons-nous
une appréciation sur l'activité déployée jusque-là par
le maréchal.

Le 13 août, il prenait le commandement en chef de
l'armée du Rhin, avec l'ordre exprès de ramener l'armée sur Verdun.

Nous avons prouvé le danger qu'il y avait pour le
maréchal d'inaugurer son nouveau commandement par
une retraite, et nous avons acquis la conviction, par le
rapport qu'il a publié lui-même, que dans ces circonstances il n'a pas voulu exécuter l'ordre donné, ou du
moins pas avant d'avoir livré un combat heureux de-
vant Metz. L'espoir de sortir victorieux d'un combat
livré dans de fortes positions n'était pas, pour ce motif,
dénué de fondement. La supériorité numérique de
l'ennemi était presque diminuée par le choix d'une so-
lide position dans laquelle la qualité supérieure des
armes pouvait avoir de l'importance. L'arrivée succes-
sive des Allemands sur un terrain choisi fit obtenir un
succès partiel ; un échec pour eux les mettait dans une
situation des plus dangereuses en cas de jonction dans
le mouvement de retraite, tandis que dans tous les
cas l'armée française avait sa retraite assurée derrière
la protection des forts, d'où elle pouvait à chaque ins-
tant reprendre l'offensive. Puisque les rapports justi-

fiaient ainsi un projet de combat, qui aurait bien pu faire un reproche au maréchal d'agir comme un commandant supérieur et indépendant, contrairement aux instructions qui lui avaient été données par une autorité militaire qui venait de prouver sa complète incapacité? Qu'il eût seulement remporté la victoire, une issue heureuse, chose si décisive dans la guerre, eût aussi brillamment justifié la résolution du maréchal. Puisque le hasard de la guerre se décidait contre lui, il devait avoir le courage, qui lui était facile, de reconnaître ce qu'il avait voulu et de supporter la responsabilité de ses actes. Au lieu de cela, nous le voyons, dans le rapport qu'il a publié, essayer maladroitement de donner pour motifs que les circonstances et les mesures de l'ennemi l'avaient empêché d'exécuter sa retraite. Nous devons signaler cette conduite comme indigne d'un homme.

En ce qui concerne l'exécution du plan suivi, nous formulons le jugement suivant : Livrer un combat le 14 août, à un moment où du côté des Français on ne disposait pas sur la rive droite de la Moselle de forces militaires suffisantes pour pouvoir remporter un sucès éclatant, était une faute à tous les points de vue. Le maréchal voulait-il la retraite sur Verdun, elle était retardée par cette bataille : alors des engagements partiels sans résultat décisif, comme celui du 14, ne pouvaient que nuire à ce projet. Le 16, les Français avaient au commencement de l'action une telle supériorité sur les ennemis, qui n'arrivaient que successivement, qu'il leur eût été facile d'en anéantir une partie. La direction supérieure manquait donc; le maréchal se montrait, il est vrai, comme un vaillant soldat, mais non comme un chef d'armée. Le 18, la répartition vicieuse des réserves et le manque d'éléments offensifs dans la défense conduisirent à la perte du champ de bataille.

De tout ceci résultent un manque de capacité du maréchal Bazaine dans sa haute position, un reproche qui revient en partie à ceux qui l'y avaient appelé.

Nous passons maintenant au blocus, qui, au point de vue de la force des deux armées et de la grandeur dn résultat, est unique dans l'histoire de la guerre. Si nous considérons principalement, en dehors des faits que nous avons relatés ici, les avantages et désavantages des deux parties qui résultent des simples rapports de distance dans le blocus d'un camp retranché aussi vaste que celui de Metz, nous devons avoir égard à la configuration mathématique du cercle d'enceinte. L'auteur de la brochure (*der Krieg um Metz*) donne six milles d'étendue à ce cercle. Cette déclaration est un peu inexacte, en ce qu'elle parle de la première ligne d'avant-postes (la plus rapprochée de Metz) qui se trouvait encore à portée de la formidable artillerie de la place, comme, par exemple, Mercy-le-Haut, Colombey, Noisseville, etc. Le rayon de ce cercle partant du milieu de la ville est de un mille, et donne pour la circonférence six milles, d'après la formule connue $2\pi R$. Le gros des divisions était sur tous les points en arrière de un demi-mille; la circonférence est portée ainsi à neuf milles. Pour aller d'un point de la ligne d'enceinte jusqu'à l'autre extrémité du diamètre, il y avait quatre milles et demi à travers champs; en outre,

les ravins et les forêts mettaient obstacle au passage ;
il fallait franchir les vallées escarpées de la Moselle et
de la Seille. En cas de tentative de percée de la part
de l'assiégé, la partie attaquée de l'enceinte ne pouvait compter sur un secours des points situés en face
qu'au bout de dix à douze heures. Nous croyons avec
l'auteur de la brochure (*der Krieg um Metz*) que la force
des troupes d'investissement se montait le 25 août à
trois corps de réserve, 200,000 hommes : ainsi, on ne
pouvait toujours opposer tout au plus que 140,000
hommes à une sortie des Français ; c'était les deux
tiers de toute l'armée, parce que le troisième tiers était
nécessaire aux points non attaqués, pour maintenir
l'investissement. A ces 140,000 hommes, l'assiégé pouvait opposer une armée de campagne d'égale force
et dans des conditions plus favorables. Il avait pour
lui les avantages de la ligne intérieure (plus courte) et
de la surprise. Après que les troupes furent réunies,
depuis le 26 août, en quatre cantonnements, deux sur
chaque rive de la Moselle en dehors de la ville, l'armée
entière pouvait facilement, à la faveur de la nuit, se
concentrer pour une attaque sur un seul point. Une
marche d'un demi-mille la séparait des lignes les plus
avancées des Allemands, qui, à cause de leur faiblesse,
ne pouvaient faire aucune résistance sérieuse. La supériorité de forces au commencement de la lutte assu-
rait l'avantage à une attaque énergique contre les
corps qui viendraient prendre part à l'action, et il
n'était pas possible à l'assiégeant, comme nous venons
de le voir, de porter avant le soir un égal nombre de
soldats sur le point attaqué ; ainsi, toutes les chances

de succès restaient aux Français pour le premier jour.

Si on réussissait à percer la ligne d'investissement, il fallait, en avançant, maintenir les positions prises sur les flancs pour couvrir le gros des bagages de l'armée dans sa retraite et lui ménager de l'avance contre un ennemi égal en forces, il est vrai, mais divisé. La tâche en devenait plus difficile, parce qu'une pointe faite sur un seul point de ces flancs fort étendus amenait une interruption dans la marche des bagages et pouvait compromettre la réussite de toute l'entreprise.

L'auteur de la brochure (*der Krieg um Metz*) tient « pour une faute complète » toute retraite de l'assiégé après avoir percé les lignes d'investissement. Il dit : « Si l'armée d'investissement avait été battue, le seul but était de lui faire quitter une des rives de la Moselle et de donner ainsi au maréchal la liberté, au moins conditionnelle, de ses mouvements; ce dernier se trouvait dans la nécessité de se mouvoir sur un terrain rendu fort difficile par les ennemis, car les Allemands pouvaient le choisir, et leurs succès pouvaient être sur quelque autre point aussi victorieux que possible; il ne fallait pas penser à continuer efficacement la lutte tant que Bazaine ne se serait pas de nouveau enfermé dans Metz avec son armée. »

« . . . . . . Si Bazaine ne restait que peu de jours en libre possession d'une rive de la Moselle, il pouvait espérer, avec raison, se pourvoir de provisions pour longtemps par des réquisitions au loin et des approvisionnements de fourrages. »

Nous remarquons également ici que, d'après nos

explications qui précèdent sur les Rapports, la victoire
du maréchal ne pouvait jamais être, le premier jour,
que partielle. Voulait-il tenir plus longtemps dans les
positions qu'il avait gagnées, et cela lui était absolu-
ment nécessaire pour faire prendre, pendant la nuit,
une avance suffisante au train qui se mettait en
marche, il devait s'attendre à être attaqué par l'ennemi
réuni et avec une armée numériquement supérieure.
On arrivait alors à un combat décisif, qui devait être
évité plutôt que tenté. Autrement, pour la retraite que
Bazaine préparait pour le milieu du second jour, moment où, suivant toutes les prévisions, toute l'armée
ennemie n'était pas encore rassemblée, il se préparait
un combat d'arrière-garde avec les troupes qui auraient
poursuivi. Au moment où Bazaine se serait éloigné de
la place, l'influence de Metz, avec ses 20,000 hommes
de garnison, se faisait sentir ; n'absorbait-elle pas nécessairement une partie des forces de l'ennemi, qui
ne pouvait pas la laisser sans s'en occuper? Devant la
nécessité absolue d'assurer, le plus près possible de
Metz, les communications des armées allemandes
(Nancy, à cinq milles ; Remilly, à trois milles), nous
étions certainement forcés de laisser en arrière deux
corps d'armée, ce qui rendait presque égales les forces
des deux armées.

Nous sommes arrivés à cette question : Etait-il désirable pour le maréchal, et à son point de vue général, de se retirer de Metz?

Après le 18 août, le premier soin de Bazaine devait
être de donner du repos aux troupes et de les reformer

dans leurs lignes. La grande place forte de Metz offrait de tout abondamment ; dans ce but, elle pourvoyait au manque de munitions, car dans les magasins du chemin de fer se trouvaient quatre millions de cartouches toutes faites. Ces ressources furent négligées par le maréchal, et il peut l'avouer ; déjà, quelques jours après le 26, il sortait encore avec toute son armée pour se frayer un passage dans la direction de Nancy, sur la rive droite de la Moselle. La pluie, très violente ce jour-là, lui fit abandonner son projet ; elle rendait, en effet, le terrain glaiseux et impraticable pour de grandes opérations. L'armée rentra le soir dans les quatre camps, en dehors de la ville, dont nous avons déjà parlé plus haut. Une seconde tentative ne devait pas avoir lieu, car le conseil de guerre, rassemblé ce même jour, se décida à rester avec l'armée sous les canons de Metz. Par cette raison qu'on retenait ainsi devant la place 200,000 hommes de l'armée ennemie, on croyait ménager au pays un temps suffisant pour la formation d'une nouvelle armée française. On sentait cependant qu'il fallait faire quelque chose pour soutenir le moral des troupes : on se résolut à tenter de petits coups de main qui devaient fatiguer l'ennemi et augmenter les provisions.

RAPPORT [1]

« . . . . . . Que l'armée devait rester sous Metz, parce que sa présence maintenait devant elle 200,000

---

[1] Passage du rapport en langue française dans le texte allemand.

ennemis ; qu'elle donnait le temps à la France d'organiser sa résistance, aux armées en formation de se constituer, et qu'en cas de retraite de l'ennemi elle le harcelerait, si elle ne pouvait lui infliger une défaite décisive. » ...... « On ferait des coups de main pour harceler l'ennemi et augmenter nos ressources. »

On peut affirmer que cette détermination de rester en face d'un ennemi peu supérieur n'était pas très héroïque ni en soi ni pour les Français ; mais on l'eût approuvée si, de cette manière, le but avait été atteint, et si la grande partie de l'armée allemande avait été réellement détournée de l'armée de Mac-Mahon, en formation à Châlons. — Les chefs de corps ignoraient-ils qu'en dehors des 200,000 hommes retenus devant Metz, les Allemands comptaient encore neuf autres corps d'armée qui surpassaient de plus du double tout ce que le maréchal Mac-Mahon pouvait avoir à sa disposition ? L'arrêt du conseil de guerre abandonnait Mac-Mahon et la France à leur destin, et c'était bien seulement pour détruire cette idée qu'on disait : Metz, sans la présence de l'armée, ne peut pas tenir plus de quatorze jours.

« Quant à la ville de Metz, elle avait besoin de la présence de l'armée pour terminer les forts, leur armement, les défenses extérieures du corps de place, et il fut reconnu que celle-ci ne pourrait tenir plus de quinze jours sans la protection de l'armée » (1).

Cette assertion est, en tous cas, étrange ; comme si

______

(1) Passage du rapport en langue française dans le texte allemand.

l'armée allemande eût laissé le maréchal se retirer tranquillement, et fût restée devant **Metz**! et même elle ne pouvait jamais penser à prendre cette très forte place sans un siége en règle, son armement n'eût-il pas été complétement achevé.

Une percée de l'armée française du Rhin était, à notre avis, nécessaire, car ce n'était que réunie à Mac-Mahon qu'elle pouvait penser à la résistance en rase campagne. En considérant, au contraire, la résolution précédente du conseil de guerre, qui réunissait les généraux les plus renommés de l'empire, nous sommes pris d'un triste sentiment. Quel manque de confiance en soi-même et dans les troupes !

Ces mêmes généraux, qui encore un mois auparavant avaient pensé marcher sur Berlin à la tête de l'armée, se condamnent maintenant à l'inaction, et cela pour couvrir leur propre capitale. Il est à peine besoin d'une preuve plus claire pour voir le triste état intérieur de cette armée. Il est hors de doute que le maréchal Bazaine partage sa puissance et sa responsabilité avec ses chefs de corps ; d'ordinaire un général en chef a coutume de ne consulter un conseil de guerre que quand il doit prendre une dernière résolution désespérée.

La décision du conseil de guerre devient encore plus inexplicable en face des petits approvisionnements de la forteresse. On pouvait nourrir l'armée avec de la viande pendant un peu plus de huit jours ; alors il fallait recourir à l'abattage des chevaux, ce qui, nécessairement, appauvrissait la cavalerie de l'armée, qui n'en avait plus suffisamment pour des opérations en rase campagne. Même avec une attention superficielle, on devait poser un terme de peu de semaines, au bout duquel l'armée n'était plus capable de faire campagne; la reddition de la place, après la consommation de toutes les provisions, se calculait aussi presque à jour fixe. On ne comprend pas quel espoir on avait dans ces conditions évidentes à tous les yeux. L'idée de ravitaillement par petits coups de main n'a pas pu être une pensée sérieuse. Les grands dépôts d'approvisionnements des Allemands étaient naturellement si loin, qu'il n'était possible de les prendre que dans des combats décisifs et heureux. Les décrets qui formaient de nouveau des armées entières, et avec lesquels la jeune République devait plus tard étonner le monde, se trouvaient alors en dehors de tous calculs.

D'après les communications de l'empereur, qui accourait lui-même au secours à la tête d'une armée, l'armée de Metz devait déjà, le 30, rompre l'inaction à laquelle elle avait été condamnée par l'arrêt du 26.

Le rapport dit, p. 10(1) :

« Reçu votre dépêche du 19 dernier à Reims; me porte dans la direction de Montmédy; serai après-demain sur l'Aisne, où j'agirai, suivant les circonstances, pour vous venir en aide. » *(Sans date.)*

Le maréchal se décida à tenter immédiatement une percée avec toute l'armée, et à tendre la main à l'empereur par Thionville. Il avait l'intention de s'emparer du plateau de Sainte-Barbe, ce qui, dans son esprit,

---

(1) Passage du rapport en langue française dans le texte allemand.

lui permettait, après la victoire, de laisser les Allemands dans l'incertitude de savoir s'il se dirigerait vers l'est, contre leurs lignes de communications, ou vers le nord, du côté des forteresses qui s'y trouvaient. Le front d'attaque qu'il choisit offrait, sous beaucoup de rapports, de grands avantages. Le terrain lui permettait un libre déploiement de ses forces, tandis qu'il n'offrait pas à l'ennemi autant de moyens naturels de défense que sur la rive gauche de la Moselle. Mais le principal avantage était une très faible ligne du côté de l'ennemi. Le 31 août, les troupes allemandes avaient seulement sur ce point : la 3e division de réserve de Malroy à Servigny ; le 1er corps d'armée prussien s'y joignant à Mercy-le-Haut ; la 3e division de cavalerie formant à Berain, avec la 28e brigade d'infanterie (7e corps d'armée), la moitié du cercle sur cette rive de la rivière ; en tout, à peu près 50,000 hommes sur une étendue d'environ quatre milles. Au contraire, il y avait à l'ouest de la Moselle presque six corps d'armée, ou environ 150,000 hommes. Cette distribution inégale des forces militaires s'explique en partie parce qu'on craignait une sortie, surtout dans la direction de l'ouest, côté par où s'avançait l'armée de secours ; de plus, Verdun était encore garnison française, et la difficulté des communications sur les derrières rendait encore bien plus nécessaire d'occuper fortement cette rive de la Moselle. Mais que la répartition des troupes à l'est et l'ouest de la Moselle, dans la proportion de 1 à 3, fût encore justifiée par l'appui à donner, à heure fixe, au gros de l'armée du prince royal, nous ne voulons pas le discuter ici.

Des combats des 31 août et 1er septembre, nous n'en parlons ici, d'après les récits officiels (*Gazette militaire* 1870, nos 114-116), qu'autant que nous en avons besoin pour juger l'armée française et son commandant en chef.

L'exposition de « Combats autour de Metz » (*der Krieg um Metz*) s'écarte en des points essentiels du récit officiel, et contient des erreurs manifestes. Le 31 août, au matin, les Allemands remarquèrent chez l'ennemi des mouvements qui rendaient vraisemblable une sortie dans la direction du nord. Le commandant supérieur donna des ordres pour secourir éventuellement le 1er corps d'armée menacé, et les parties du 10e corps d'armée franchirent la Moselle devant Hauconcourt. L'attaque proprement dite se fit attendre, et les Français firent seulement des démonstrations sur les deux ailes. Autour de neuf heures, la ligne de Mercy-le-Haut à Colombey fut violemment attaquée, mais généralement maintenue par les avant-postes du 45e régiment. L'attaque, renouvelée sur le soir, eut l'unique résultat de faire tenir bon sur cette aile la 28e brigade accourue au secours de Pouilly. Une pointe d'un régiment de cavalerie française avec une batterie, contre l'aile droite de Charly à Malroy, tentée à dix heures et demie, fut repoussée par quelques obus. Bien que tout restât calme au centre, les masses ennemies s'augmentaient derrière le fort Saint-Julien, et donnaient lieu au général allemand de faire venir de la rive gauche la 25e division hessoise par le pont d'Hauconcourt sur Antilly, où elle arriva à deux heures et demie. La division de landwehr, ainsi rendue disponible, prit, sous les ordres du général de Manteuffel, sa position de réserve devant Sainte-Barbe. Pour renforcer cette position, on y avait appelé déjà, avant midi, la 3e brigade d'infanterie de Courcelles et la 3e division de cavalerie de l'aile gauche.

A quatre heures après midi (le rapport officiel dit trois heures), les Français commencèrent l'attaque avec un feu d'artillerie. Bientôt suivirent des masses d'infanterie très supérieures, qui, en un espace de temps extrêmement court, prirent le village de Noisseville, occupé par un bataillon des grenadiers, régiment Prince-Royal. La 3e brigade d'infanterie fit sur ce point des efforts inutiles pour chasser l'ennemi de ce lieu et de Montoy, situé tout près. La 1re division d'infanterie se maintenait avec peine dans les lignes de Servigny à Ferilly; les batteries qui s'avançaient à son secours firent feu derrière elle, mais durent se retirer en laissant quelques pièces d'artillerie. Malgré cet avantage obtenu avant l'obscurité, les Français ne tentèrent aucun mouvement en avant sur la route de Sarrelouis; au contraire, la 3e brigade d'infanterie reprit Noisseville. Il y eut un arrêt complet dans le combat, et, autour de dix heures, l'ennemi refit un nouvel effort qui le mit en possession de Servigny, Noisseville et Flaville. Le premier de ces villages fut repris par les Prussiens, et le combat s'arrêta à onze heures. La percée au centre avait été empêchée. Les trois brigades du 1er corps d'armée et quelques bataillons de landwehr, au plus 25,000 hommes, avaient arrêté un ennemi de beaucoup supérieur. Nous omettons les combats plus longs du lendemain. On avait

alors pris des dispositions pour repousser avec des
forces suffisantes une tentative plus sérieuse de percer
la ligne d'investissement. Jusqu'à midi, on réussit à
chasser l'ennemi des positions qu'il avait prises et à le
rejeter dans les anciennes.

D'après les observations faites du côté des Allemands
et les rapports des prisonniers français, deux corps
français seulement auraient pris part à ces combats,
pendant que les trois autres se tenaient en réserve.
Le 31, le maréchal avait mis dix heures à se préparer
à mettre en ligne la plus petite partie de l'armée, pendant qu'il laissait le temps à l'ennemi de prendre
toutes ses mesures de résistance. Par ce qu'il avait fait
avant l'attaque, le maréchal avait laissé échapper de ses
mains le grand avantage de la surprise. Malgré cela,
dans l'après-midi, les chances de succès étaient très
favorables à l'attaque, car le commandant en chef allemand, induit en erreur par cette longue temporisation,
n'avait pas dirigé sur les points menacés autant de
troupes qu'il en avait eu d'abord l'intention; le
10ᵉ corps d'armée était, dans l'après-midi, revenu sur
la rive gauche de la Moselle. Les forces du maréchal
furent toujours supérieures du double à toutes les
forces allemandes qui se trouvaient sur la rive droite;
mais il lui fallait rendre cette supériorité efficace, s'il
voulait avant la tombée de la nuit forcer la sortie.
Que cette percée tentée avec toutes les forces eût
réussi le 31, il n'y avait plus de doute pour les Allemands qu'il leur fallait, et cela avait été négligé,
prendre des positions de défense dans lesquelles les
troupes auraient pu s'organiser, et dans lesquelles il

eût été seulement possible de déjouer les attaques d'un ennemi qui avait des forces doubles.

Lorsque l'auteur de la brochure (*der Krieg um Metz*) veut rejeter la faute de l'insuccès principalement sur le compte de l'état moral de l'armée française, nous pouvons, d'après ce qui précède, ne pas reconnaître la justesse de son assertion. Le reproche d'avoir attendu à quatre heures de l'après-midi pour attaquer retombe sur le maréchal seul. Les premières troupes menées au feu marchèrent avec intrépidité, et les premiers résultats furent heureux. Ne les avoir pas mis à profit par l'arrivée de nouvelles réserves est encore une faute pour la direction supérieure. Ces fautes, qui sautent de suite aux yeux, étaient aussi grosses que faciles à être évitées, et nous sommes embarrassés pour leur trouver une explication, car elles ne peuvent pas dériver uniquement de l'incapacité.

Dans cet état de choses, on ne saurait s'étonner plus que nous quand la pensée de trahison est mise en avant par ceux qui ont dû partager le sort affreux de la capitulation. Nous, en calmes observateurs, nous cherchons en vain le but que pouvait atteindre le maréchal, dans les circonstances du moment, comme récompense d'un tel crime. L'empereur se trouvait encore, comme souverain de la France, à la tête d'une armée. Bazaine n'eût-il pu que fort peu attendre de l'armée de secours, et nous prenons là une hypothèse impossible, eût-il prévu la catastrophe de Sedan, qu'il lui restait toujours, pour servir ses plans si ambitieux, sa propre armée, la confiance de ses soldats, le seul fondement sur lequel il pût se baser, et il aurait ruiné lui-même cette base par la manière dont il aurait fait combattre l'armée les 31 août et 1er septembre. Après ce nouvel échec, amené presque à dessein, il ne pouvait plus compter sur la confiance de cette armée. Nous avouons que nous cherchons ici et en vain une solution ; il faut attendre le temps pour porter dans cette obscurité la lumière de la vérité.

Tout le mois de septembre se passa presque dans l'inaction, à part quelques petites affaires dont le but était de prendre des provisions. Tout le butin de ces affaires a à peine suffi aux besoins de l'armée pour un seul jour : aussi ont-elles été sans influence aucune sur le résultat final, et peuvent-elles se passer aisément sous silence. Cette inaction est un sujet de grands reproches contre le maréchal, même de la part de ceux qui, comme notre auteur, approuvent entièrement ses actes. Nous partageons aussi cet avis, mais nous l'expliquons par des motifs différents de ceux que l'auteur donne à la page 30 de la brochure (*der Krieg um Metz*). « Le maréchal, dit-il, aurait dû franchir la zone d'investissement ; il maintint assez longtemps les positions conquises pour donner le temps à un détachement d'élite formé d'avance, — tel que 2,000 officiers, 2,000 artilleurs, 6,000 fantassins et 1,000 cavaliers, — de se porter en dehors du rayon immédiat de l'armée de siége. Le détachement devait, en trois ou quatre sections et à marches forcées, gagner la partie de la France qui n'était pas encore occupée par l'ennemi et servir comme cadre à la formation d'une nouvelle armée. » Bien qu'il soit au moins fort douteux que ces détachements eussent échappé à la cavalerie très nombreuse des Allemands, nous ne pouvons pas y voir comme notre auteur, en cas de réussite, un avantage matériel incalculable. Cet avantage ne nous paraît aucunement en rapport avec le dommage qui eût été la conséquence nécessaire d'une sortie, depuis que les Allemands avaient fortifié leurs positions. Fidèle à notre idée émise plus haut, nous croyons que toute l'armée devait se retirer après avoir réussi dans sa sortie; et pour atteindre ce but, le maréchal ne devait se laisser arrêter pour aucun sacrifice. Cette excuse, que le maréchal regardait la guerre comme finie après les événements de Sedan, et qu'il voulait conserver son armée intacte pour pouvoir mettre son poids dans la balance pour la conclusion de la paix, n'est pas admissible devant une observation plus approfondie. L'idée que la guerre serait terminée après Sedan était alors très générale, et nous ne voulons pas reprocher au maréchal, qui était vieux soldat, de n'avoir attendu aucune résistance sérieuse de masses indisciplinées levées par un gouvernemement d'avocats. Cette question fut bientôt pour lui trop vitale pour qu'il pût attendre les événements avec tranquillité. Quelques semaines d'attente le mettaient dans la nécessité de capituler à discrétion pour cause de manque de subsistances, et cette circonstance devait complétement affaiblir l'importance d'une armée intacte et l'anéantir totalement. Les affaires changeaient bien si Bazaine réussissait à percer; il pouvait alors traiter de la paix à la tête d'une armée.

Au commencement d'octobre nous voyons l'armée française faire deux sorties plus importantes. Le maréchal n'en fait aucune mention particulière dans son rapport; il les met sur le même pied que les petites affaires qui avaient pour but la prise de provisions. Si tel était le motif de ces sorties conduites avec beaucoup d'énergie, on doit s'étonner qu'elles n'aient pas été faites plutôt dans la direction de la gare de Courcelles, où les grands approvisionnements du dépôt des Johannistes étaient une bonne rémunération à leurs efforts. D'après le petit nombre de soldats engagés dans ces deux jours, on ne peut pas dire qu'une sortie a été tentée. Le but ne peut avoir été que d'occuper quelques troupes et d'inquiéter l'ennemi. Dans ces sortes d'affaires le maréchal se contentait du premier avantage assuré par la surprise de l'ennemi et sa supériorité numérique au début de la lutte; il ranimait ainsi son influence sur ses troupes; mais toujours il attendait, comme dans ces deux derniers cas, que les forces supérieures des Allemands le délogeassent des positions conquises, et il atteignait alors le résultat opposé. L'effet du combat désavantageux du 2 octobre parait avoir été immédiat, car à cette date le maréchal envoya à ses cinq chefs de corps d'armée, au général de l'artillerie, à l'intendant général et au commandant de la place, un ordre de convocation pour un conseil de guerre dans lequel il voulait recevoir leurs avis et le résultat des conférences qu'ils devaient avoir auparavant avec les généraux sous leurs ordres touchant la situation actuelle.

Le conseil se trouva réuni le 10 octobre et fut éclairé par un exposé et un rapport sur les approvisionnements et l'état sanitaire. Même au moyen de la réduction de la portion de pain à 300 grammes (3/5 de livre), les ressources en vivres n'allaient que jusqu'au 20 octobre inclusivement, si l'on ne voulait pas porter un préjudice sérieux à l'état physique des hommes. Le rapport du médecin en chef présentait l'état sanitaire comme très inquiétant; une trop grande accumulation de blessés faisait craindre, à son avis, pour le bien public, un danger imminent, à cause du manque de médecins et de médicaments. La situation militaire fut discutée ensuite, et on arrêta :

1° Le plus grand service que l'armée, dans les circonstances présentes, puisse encore rendre au pays, est de tenir dans la place jusqu'au dernier morceau de pain ;

2° Il faut renoncer à de plus amples tentatives de ravitaillement contre les magasins de l'ennemi;

3° Dans les quarante-huit heures on entamera des négociations avec l'ennemi pour la conclusion d'une convention militaire, avant d'être forcé à une reddition sans conditions, par suite du manque de vivres.

Une proposition du général Coffinières, commandant de la place, de tenter encore une fois le sort des armes, fut écartée par la majorité, et on conclut à l'unanimité de prendre ce dernier moyen si l'ennemi imposait des conditions contraires à l'honneur.

« Que dans le cas où l'ennemi voudrait imposer des conditions incompatibles avec notre honneur et le sentiment du devoir militaire, on tentera de se frayer un passage les armes à la main » (1).

(1) Passage en français dans le texte allemand.

Le général Boyer fut chargé d'aller à Versailles pour se renseigner sur la situation générale de la guerre et pour apprendre quels avantages on pourrait attendre d'une convention dans l'intérêt de l'armée et de la paix ; « pour tâcher de connaître la situation réelle de la France, les intentions des autorités prussiennes au sujet d'une convention militaire, et les concessions qu'on pourrait en attendre dans l'intérêt de l'armée de Metz comme dans celui de la paix » (1).

Quoiqu'il n'y eût que peu de jours avant l'épuisement total des ressources, on s'engagea encore dans des négociations d'un caractère politique avec le lointain quartier général de Versailles. Après être arrivé à un degré où, pour les Allemands, il n'y avait plus rien de sérieux à craindre de la part de l'armée française, on pouvait sans doute espérer d'obtenir des conditions favorables au moyen de concessions dans le sens politique. Il fallait encore être prêt à des concessions de cette nature avant d'entamer des négociations qui prenaient les derniers jours pendant lesquels on pouvait encore nourrir l'armée, et qui mettaient les assiégés en face d'une capitulation à discrétion. Voulait-on ne conclure qu'une convention militaire, il valait mieux entrer immédiatement en rapport avec le commandant en chef de l'armée de blocus, auquel on pouvait du moins offrir quelque chose en compensation de la concession qu'on lui demandait : la retraite en toute liberté. C'était bien le moment. En face d'une attaque de l'armée française de la Loire menaçant les

____

(1) Passage en français dans le texte allemand.

troupes d'investissement de Paris, gagner du temps
devant Metz était sans doute pour les chefs de l'armée
allemande d'une grande importance. Le général Boyer
revient de Versailles le 17 octobre, et apporte les conditions sous lesquelles l'armée assiégée pouvait se
retirer honorablement avec ses armes en toute liberté.
Ces conditions elles-mêmes ne sont pas encore connues
dans leur teneur; d'après le rapport du maréchal, les
avantages promis dépendaient d'une concession politique :

« Les conditions subordonnaient à une question
politique les avantages qui seraient accordés à l'armée
du Rhin » (1).

On ne peut pas dire si les exigences allemandes
étaient trop dures, puisque nous ne les connaissons
pas ; en tous cas, le conseil de guerre convoqué de
nouveau crut ne pas pouvoir les accepter, quoique
elles fussent très favorables eu égard à la situation
militaire.

On décida par sept voix contre deux de faire faire
une nouvelle tentative à Versailles par le général
Boyer, et de réclamer auprès du roi de Prusse le
concours de l'impératrice, qui était en Angleterre,
pour obtenir des conditions favorables. En réalité on
ne pouvait compter qu'avec peine sur un retour à
heure fixe du général; on voulait s'illusionner aussi
longtemps que possible sur l'horrible nécessité d'une
reddition sans conditions.

Ce avec quoi, le 10 octobre, on avait pallié la vérité

----

(1) Passage en français dans le texte allemand.

de la situation, c'est-à-dire une tentative de percée des lignes ennemies à la dernière extrémité, était même devenu une duperie dans l'état actuel. Les généraux réunis virent qu'une tentative de ce genre serait un pur sacrifice de l'armée, sans perspective de succès.

« Il fallut se résigner, parce qu'une tentative de vive force, qui déjà précédemment n'avait été considérée que comme un dernier acte de désespoir, aurait été, dans les circonstances actuelles, un vrai suicide, en offrant à l'ennemi une victoire facile sur une armée épuisée qui cependant n'avait jamais été vaincue, et c'eût été un crime de sacrifier inutilement des milliers d'existences confiées par la patrie à la responsabilité de chefs éprouvés » (1).

La famine qui arrivait était devenue une souffrance augmentée encore par l'impuissance, et il fallut capituler.

La plus forte place de France, avec un matériel de guerre immense, défendue par une armée forte de près de 180,000 hommes, se rendait donc sans conditions à un ennemi un peu plus fort !

Quoique attendue depuis des semaines, la capitulation surprit cependant par l'énormité de ses proportions, et involontairement on se pose cette question : Comment était-il possible de mettre bas les armes avec une aussi nombreuse armée ?

Immédiatement la délégation du gouvernement de Tours lança contre le maréchal Bazaine l'accusation de trahison ; un déluge d'écrits accumulèrent sur lui

(1) Passage en français dans le texte allemand.

une foule d'accusations les plus graves. Beaucoup de ces auteurs appartiennent au corps d'officiers de l'armée qui capitula sous Metz, et prétendent, par la part qu'ils y ont prise, à une certaine créance. A la lecture de ces emportements furieux, presque insensés, de ces accusations fausses et invraisemblables en soi contre l'ancien général en chef, l'estime qui accompagne ordinairement le malheur se change en haine contre des personnes qui méprisent si complétement l'honneur de leur propre armée et les engagements qui résultent de ce qu'on en fait partie.

Nous nous trouvons encore dans le feu de la passion. Un jugement sans prévention est d'autant plus difficile que nombre de détails sur ces événements sont encore inconnus; cependant nous avons osé donner la publicité à notre opinion dans l'espérance et avec l'idée d'aider à la critique raisonnée de ces faits. Quoique nous ayons cru devoir écarter aussi l'accusation de trahison, nous n'avons cependant pas réussi à trouver d'autres motifs pour expliquer la conduite du maréchal. Ce qui reste surtout inexplicable pour nous, c'est sa conduite à la sortie de Noisseville.

Il faut attendre maintenant de plus amples éclaircissements; ils décideront de quel côté penchera définitivement la balance au milieu de tant d'opinions diverses.

NOTE DU TRADUCTEUR

Au moment où la grave question de la capitulation
de Metz vient d'être soulevée à la Chambre, il ne nous
a pas paru inutile de montrer quels sont les sentiments
de nos ennemis sur la conduite du maréchal Bazaine.
Chacun rendra justice à l'impartialité de l'exposé qu'on
vient de lire. Nous relèverons une seule inexacti-
tude : l'armée française enfermée sous Metz était de
156,000 hommes et non de 180,000, comme notre
auteur le dit, et l'armée allemande comptait un peu
plus de 200,000 hommes.

Nous ferons remarquer encore que l'auteur, en
parlant du périmètre occupé par l'armée de blocus, la
suppose également répartie sur tous les points de ce
périmètre, alors que quelques pages plus loin il nous
dit, à propos de la sortie de Noisseville, que les Allemands avaient 50,000 hommes à peine sur la rive
droite de la Moselle, et par conséquent plus de
100,000 sur la rive gauche; ce fleuve, cependant, divi-
sait ce périmètre en deux parties égales.

M C.

Mai 1871.